Bibliografische Information der Deutschen Nationalbibliothek:

Die Deutsche Bibliothek verzeichnet diese Publikation in der Deutschen National-
bibliografie; detaillierte bibliografische Daten sind im Internet über http://dnb.d-
nb.de/ abrufbar.

Impressum:

Copyright © 2007 GRIN Verlag, Open Publishing GmbH
Druck und Bindung: Books on Demand GmbH, Norderstedt Germany
ISBN: 9783640672127

Dieses Buch bei GRIN:

http://www.grin.com/de/e-book/154379/zur-didaktik-der-informatik-an-hochschulen

David Huber

Zur Didaktik der Informatik an Hochschulen

Didaktische Grundmodelle und gegenwärtige IT-unterstützte Lehrmethoden an Hochschulen

GRIN Verlag

GRIN - Your knowledge has value

Der GRIN Verlag publiziert seit 1998 wissenschaftliche Arbeiten von Studenten, Hochschullehrern und anderen Akademikern als eBook und gedrucktes Buch. Die Verlagswebsite www.grin.com ist die ideale Plattform zur Veröffentlichung von Hausarbeiten, Abschlussarbeiten, wissenschaftlichen Aufsätzen, Dissertationen und Fachbüchern.

Besuchen Sie uns im Internet:

http://www.grin.com/

http://www.facebook.com/grincom

http://www.twitter.com/grin_com

Seminararbeit

Didaktik der Informatik

David Huber
Industrial Management/04

Inhaltsverzeichnis

Abbildungsverzeichnis..3

1. Einleitung 4

2. Grundlagen der Didaktik...5

   2.1 Das Didaktische Dreieck..5

   2.2 Unterrichtsformen 6

   2.3 Vorbereitung zur Unterrichtsplanung 8

      2.3.1 Modell nach Paul Heimann...9

3. Didaktik der Informatik...11

   3.1 Informatikunterricht in der Oberstufe 11

4. Grundlagen des E-Learning..14

   4.1 Computer Based Training (CBT)..14

   4.2 Web Based Training (WBT)...15

   4.3 Informations- und Kommunikationstechnologien (IKT)...............15

      4.3.1 Synchrone Informations- und Kommunikationstechnologien...................15

      4.3.2 Asynchrone Informations- und Kommunikationstechnologien.................16

5. Lehr und Lernmethoden 18

   5.1 Online Teaching..18

   5.2 Online Tutorials..19

   5.3 Online Assignments..19

   5.4 Online Discussions 19

   5.5 Blended Learning..20

6. Resümee...21

Literaturverzeichnis...22

Abbildungsverzeichnis

Abbildung 1: Didaktisches Dreieck 5

Abbildung 2: Unterrichtsformen in Bezug auf Sozialform & Entfaltungsmöglichkeit....7

Abbildung 3: „Berliner Modell" nach Heimann
(in Anlehnung an Paul Heimann, 1997)....................................9

Abbildung 4: Einbettung der Didaktik der Informatik
(In Anlehnung an Schubert & Schwill, 2004)............................11

Abbildung 6: Navigationsbildschirm eines Whiteboads 16

Abbildung 5: Hauptfenster des MSN Live Messengers 16

Abbildung 7: Lernmethoden im Überblick
(in Anlehnung an Seufert, 2002)..18

1. Einleitung

Ein Ferrari ist ein tolles Fahrzeug, jedoch in ungeeignetem Gelände macht er seinem Besitzer nur wenig Freude. Ebenso verhält es sich in der Informatik, dem Anwender kann ein noch so gutes System zur Verfügung stehen, ohne das dafür nötige Know-how ist es wertlos. Generell zeigten Untersuchungen, dass die hohen Investitionen in die IT nicht mit den erwarteten Produktivitätssteigerungen einhergingen. Dieses Paradoxon der IT kann einerseits auf die Inflexibilität eines Unternehmens bezüglich der Notwendigkeit einer Änderung der Organisationsstruktur zurückzuführen sein, meistens jedoch scheitert die Implementierung eines neuen Systems aber an der Unerfahrenheit und Kompetenz des Personals.[1]

„EDV-Systeme verarbeiten, womit sie gefüttert werden. Kommt Mist rein, kommt Mist raus."
Dieses Zitat von Anré Kostalany, einem ehemaligen ungarischen Börsenexperten, beschreibt eine grundlegende Problematik vieler Unternehmen.
IT-Fachleute sind laut AMS[2] derzeit(2007) auf dem Arbeitsmarkt so begehrt wie schon lange nicht mehr. Vor allem Entwickler, Unix-Admins und SAP-Basisbetreuer sind besonders gefragt. Im Bereich der Datenbanken werden Oracle-Spezialisten gesucht, denn gerade hier ist die Know-how-Nachfrage fast um das Dreifache höher als das Angebot. Dies geht aus der aktuellen Studie von JoinVision, Betreiber des Jobportals für IT-Experten und Freelancer, hervor.[3]

Woher jedoch stammt dieser hohe Bedarf, und wie kann man ihn decken? Die Stundentafel und Lehrpläne[4] vieler Hochschulen, AHS, BHS aber auch Volksschulen und Berufsschulen weisen auf quantitativen Informatikunterricht hin. Demnach gibt es in unserem Bildungssystem kaum eine Chance nicht am IT-Unterricht teilzunehmen, leider scheitert es oft an der Qualität des Unterrichts aber auch an der Motivation vieler Auszubildender. Es entsteht der Eindruck dass versucht wird dieses Bildungsproblem in Ausbildungsstätten mit einem massenhaften Einsatz von PC-Technik zu lösen. High End Computer und das Internet werden als Allheilmittel gesehen und der pädagogische Aspekt kommt immer mehr in den Hintergrund. Lernen muss Spaß machen um möglichst effektiv zu sein.

Ziel der nachfolgenden Arbeit ist es, didaktische Grundmodelle und gegenwärtige IT unterstützte Lehrmethoden aber auch Lernplattformen speziell in der Hochschullehre näher zu beleuchten. E-Learning ist mittlerweile in der ganzen Welt zu einem festen Bestandteil des Studiums an Hochschulen geworden[5]. Einschränkend gilt jedoch zu sagen, dass der Begriff des E-Learning eine sehr breit gefächerte Definition zulässt und meist alle Formen des

---

[1] Paul A. Strassmann, 1999
[2] AMS: Arbeitsmarktservice
[3] DerStandard; Akuter Mangel an IT-Experten setzt heimischen Unternehmen zu; Erschienen am 28.3.2007

[4] (Bmukk)
[5] Vgl. (Carsten & Barrios, 2004; BMBF,2004)

„Informierens und Lernens" mit elektronischen Medien umfasst und nicht alle Möglichkeiten hier angeführt werden können. Nicht Bestandteil dieser Arbeit ist die Entscheidung welche Lernmethode oder Lernplattform anzuwenden ist.

2. Grundlagen der Didaktik

Didaktik *[griechisch]* die, ursprünglich Lehrkunst; heute allgemein als die Wissenschaft vom Lehren und Lernen **(Unterrichtslehre)** aufgefasst oder als die Theorie der Bildungsinhalte und des Lehrplans (Was wird unterrichtet?), der die Didaktik der Methode (Wie wird unterrichtet?) gegenübergestellt wird.[6]

2.1　Das Didaktische Dreieck

Das von Ruth Cohn (1997) entwickelte Didaktische Dreieck beschreibt die grundsätzliche Interdependenz der drei Komponenten "Lehrer/in – Schüler/innen – Thema" im Prozess des Lehrens und Lernens. Die Interdependenz zwischen dem Thema sowie den sozialen und kommunikativen Beziehungen, die zwischen dem Lehrenden und einer Gruppe von Studenten besteht, hat auch Relevanz für die Unterrichtsplanung.

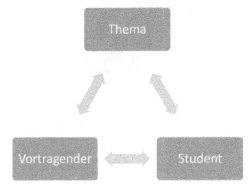

Abbildung 1 Didaktisches Dreieck

Jede der drei Komponenten hat Einfluss auf das Lerngeschehen .Wenn zum Beispiel ein Lehrender die Beziehung zu den Studenten durch Einführung einer neuen Methode verändert, hat das auch Einfluss auf die Wahrnehmung des Themas seitens der Studenten. Wenn der Vortragende das Thema unter einer neuen Zielsetzung behandelt (z.B. problemorientiert, multiperspektivisch) wird das auch Einfluss auf die Lernarrangements haben, die er mit der Lerngruppe trifft. Wenn die Studenten z.B. selbst zu Thema forschen und dadurch den Lerninhalt mitbestimmen, verändert dies auch die Rolle, welche der Vortragende im Lernprozess einnehmen kann.

---

[6] (Mayer, 2006)

2.2   Unterrichtsformen

Wie schon beim Didaktischen Dreieck veranschaulicht, wird der Unterricht wesentlich durch die Wechselwirkungen zwischen Lehrer und Schülern aber auch der Schüler untereinander geprägt. Diese Wechselwirkungen kann man bezüglich zweier Aspekte genauer klassifizieren, bezgl. Der *Sozialform*, in der der Unterricht stattfindet und bzgl. Der *Aktivitäten*, die die Schüler während des Unterrichts entfalten können und sollen.[7]

- Hinsichtlich der Sozialform unterscheidet man:

(S1) Unterricht im Klassenverband:
Alle Studenten nehmen gleichberechtigt am Unterricht teil und können miteinander kommunizieren und in Wechselwirkung treten.

(S2) Gruppenunterricht
Die Studenten sind in Gruppen aufgeteilt. Kommunikation vollzieht sich nur innerhalb der Gruppe, aber nicht gruppenübergreifend.

(S3) Einzelunterricht
Die Studenten sind voneinander isoliert. Wechselwirkungen sind nicht möglich bzw. erlaubt.

- Bezüglich der von den Studenten erwarteten bzw. entfalteten Aktivitäten unterscheidet man:

(A1) Kommunizierende Form:
Die Aktivitäten der Studenten beschränken sich im Wesentlichen auf die Aufnahme des vom Vortragenden präsentierten Stoffes.

(A2) Gelenktes Entdecken:
Die Studenten gestalteten den Verlauf der Vorlesung durch ihr Handeln mit; durch Hilfen des Vortragenden werden entdeckende Aktivitäten angestoßen.

(A3) Freies Forschen:
Der Vortragende gibt lediglich Anregungen; im Wesentlichen bestimmen die Aktivitäten der Studenten den Vorlesungsverlauf.

Durch Kombination von Sozial- und Aktionsform kann man verschiedene Unterrichtsformen erarbeiten. Hierbei handelt es sich wohlgemerkt um „Reinformen", welche meist jedoch in Mischformen auftreten.

---

[7] (Wittmann, 1981)

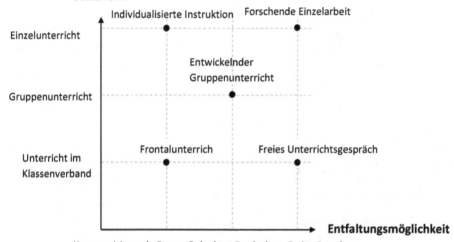

Abbildung 2 Unterrichtsformen in Bezug auf Sozialform & Entfaltungsmöglichkeit

(S1,A1): Frontalunterricht
Der Lehrstoff wird durch den Lehrenden vorgetragen. Oft wird hierbei auch von einem autoritären und undemokratischen Vorlesungsstil gesprochen, welcher prinzipiell meist abgelehnt wird. Laut Wittmann sind dies aber nur Pauschalurteile, und ein gut vorbereiteter Folienvortrag am Schluss einer längeren Unterrichtssequenz als Zusammenfassung wäre sehr wohl gut geeignet.

(S1,A3): Freies Unterrichtsgespräch
Hierbei wird die Vorlesung weitgehend von den Studenten selbst gestaltet indem der Vortragende ein Thema oder eine Problemstellung vorgibt und als gleichberechtigter Partner an der Diskussion teilnimmt.

(S2, A2): Entwickelnder Gruppenunterricht
Aufteilung der Studenten in Gruppen, von denen jede ein Problem oder eine Aufgabe zum bearbeiten bekommt. Es werden den einzelnen Gruppen vom Vortragenden Hilfestellungen gegeben und so die Gruppen zur geplanten Lösung geleitet.

(S3, A1): Individualisierte Instruktion
Hiermit ist der klassische Einzelunterricht gemeint. Oft wird diese Form auch nicht wissend im Informatikunterricht angewandt, z.B. werden Aufgaben verteilt welche dann in Einzelarbeit vor dem Computer bewältigt werden. Typisch ist diese Form beim veralteten programmierten Unterricht.

(S3, A3): Forschende Einzelarbeit
Hierbei wird von jedem einzelnen ein offenes Problem bearbeitet, etwa bei der
Ausarbeitung eines Referates oder einer Seminararbeit.

Normalerweise legt man sich nicht auf eine bestimmte Unterrichtsform fest, vielmehr wird
diese nach Betrachtung verschiedener didaktischer Gesichtspunkte gewählt:

- Lernziel
- Vorkenntnisse der Studenten
- Komplexität des Unterrichtsgegenstandes/Vorlesung
- Erforderliche Hilfsmittel
- Momentane Lernsituation

Generell empfiehlt es sich mit wechselnden Unterrichtsformen zu arbeiten und diese
entsprechend den Gegebenheiten anzupassen.

2.3   Vorbereitung zur Unterrichtsplanung

Um einen möglichst effizienten Vortrag zu gestalten und eine hohe Akzeptanz der Vorlesung
zu erreichen ist es von absoluter Wichtigkeit diese im Vorfeld zu planen und gut
vorzubereiten. Wer Unterricht plant, wird auf frühere Lehrerfahrungen zurückgreifen und
bisherigen Unterricht analysieren wollen. Doch schon die Frage, ob beispielsweise ein
bestimmter Wissensinhalt eher im Präsenzunterricht oder räumlich verteilt als E-Learning-
Modul vermittelt werden sollte, lässt sich experimentell schwer klären, da viele Faktoren
zusammen kommen und sich gegenseitig beeinflussen. Folgende Fragen stellen sich etwa:

1. Sind die Vorkenntnisse der Lernenden vergleichbar?

2. Sind die Persönlichkeiten von Lehrenden und Lernenden von Einfluss?

3. Existieren Vorurteile bei den Lernenden gegenüber einzelnen Unterrichtsformen?

4. Existieren Vorurteile bei den Lehrenden?

Es gilt, bei der Analyse und Planung die Komplexität zu reduzieren und diejenigen Aspekte
von Unterricht zu erfassen, die für didaktische Entscheidungen wirklich von Interesse sind.

Es gibt zahlreiche Modelle zur Unterrichtsplanung, eines der wohl bekanntesten hat der
Erziehungswissenschaftler Paul Heimann (1901-1967) in seinem „Berliner Model"
geschaffen. Das Modell hilft bei der Beantwortung, unter Berücksichtigung der in jeder
Gruppe vorliegenden unterschiedlichen Bedingungen und Situationen, der Fragen des
„Warum, „Wohin", „Was" und vor allem „Wie". Es werden Hilfen zur Analyse und Planung
einzelner Schritte bzw. der nachträglichen Reflexion und Auswertung von Arbeitseinheiten in
Gruppen gegeben.

2.3.1 Modell nach Paul Heimann

Systematische Unterrichtsanalysen auf empirischer Basis halfen Heimann sogenannte „Kategorien" des Unterrichts fest zu stellen, welche zeitunabhängig in jedem Unterricht vorkommen[8]. Diese so ermittelten Konstanten könnten bei der Planung von Unterricht als Richtungsweiser dienen.

Heimann gliederte sechs solcher Konstanten in Bedingungs- und Entscheidungsfaktoren[9]:

• Bedingungsfaktoren (Bedingungsfeld)

    ▪ Bedingungsrahmen
    ▪ Persönliche sozial-kulturelle Voraussetzungen aller Beteiligten

• Entscheidungsfaktoren (Entscheidungsfelder)

    ▪ Absichten/Ziele
    ▪ Inhalte/Gegenstände
    ▪ Methoden/Wege
    ▪ Mittel/Medien

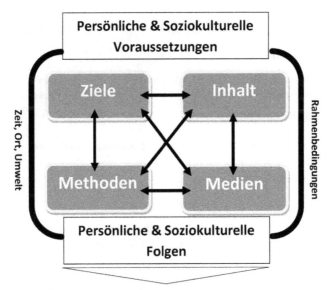

Abbildung 3 „Berliner Modell" nach Heimann
(in Anlehnung an (Paul Heimann, 1997)

---

[8] (Chott) http://www.schulpaed.de
[9] (Paul Heimann, 1997)

a. Bedingungsfaktoren:

Die Rahmenbedingungen die bei der Unterrichtsplanung vorherrschen müssen, bezeichnet Heimann als „Bedingungsfaktoren". Hierbei werden die Bedingungen, die der Lehrer für den Unterricht vorfindet, zusammen gefasst. Mit Sozial-kulturellen Bedingungen meint man Gegebenheiten wie Klassenzusammensetzung, Vorwissen, Interessen, Herkunft, Verhaltensweisen, Intelligenz, ferner die Ausstattung der Räumlichkeiten, den Lehrplan, welche während der Unterrichtseinheiten Verfügung stehen. Anthropologisch-psychologische Voraussetzungen meinen den altersbedingten Entwicklungsstand der Schüler, ihr entsprechendes Leistungs- und Urteilsvermögen, aber auch das Können oder die Vorlieben des Vortragenden und die Beziehungen zwischen Professor und Studenten (siehe auch 3.1. Didaktisches Dreieck).

Die wichtigsten Fragen die man sich vor der Unterrichtsplanung stellen muss:

Wo findet die Vorlesung statt?
Welche räumlichen Gegebenheiten liegen vor?
Wie viel Zeit steht für die Umsetzung des Lehrplanes zur Verfügung?
Wie alt sind die Studenten?
Welche Einstellung/Motivation, Aufnahmebereitschaft?
Vorerfahrung aller Beteiligten?
Wie ist die Zusammensetzung der Gruppe (Frauen/Männer)
Wie sind das Verhalten und die Beziehung der Teilnehmer und Leiter untereinander?

b. Entscheidungsfaktoren

Für die Entscheidungsfelder gilt eine „Interdependenz", eine gegenseitige Abhängigkeit. Wird ein Faktor verändert, so zieht das eine Veränderung aller anderen Faktoren mit sich.

Ziele:

Hierbei sollte vom Vortragenden eine konkrete Zielsetzung bezüglich des Resultates der Lehrveranstaltung ausgearbeitet werden. Ziele müssen ständig überprüft, verändert und an die Umwelt angepasst werden.

Inhalt:

Beinhalten eine Reflexion über die Lerninhalte zur Realisierung der geplanten Ziele. Wie kann der vorgegebene Lehrplan am besten vermittelt werden, bzw. passen diese Inhalte zu den Zielen und umgekehrt?

Methoden:

Die Methodik beschreibt Verfahrensweisen, mit denen der Unterrichtsprozess strukturiert werden kann. Hier werden Methoden zur Zielerreichung und Umsetzung der Lehrinhalte behandelt.

Medien:

Es muss abgeklärt werden welche technischen Hilfsmittel Vorlesungsunterstützend zur Verfügung stehen, und ob diese Medien zu den Voraussetzungen der Teilnehmer, den Zielen bzw. den Inhalten passt.

3. Didaktik der Informatik

Fachdidaktik[10] stellt eine Verbindung zwischen einer Fachwissenschaft und der Lebenswelt her; In der Fachwissenschaft gewonnene Erkenntnisse werden für Aus-, Fort-, und Weiterbildung von Kindern und Erwachsenen zur Verfügbar gemacht. Die Didaktik der Informatik ist keine in sich ruhende Wissenschaft[11], vielmehr beinhaltet sie eine Anzahl anderer Wissenschaften und Institutionen (Zusammenhänge siehe Abb.4)

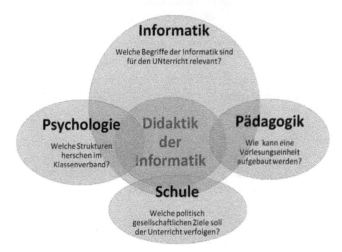

Abbildung 4 Einbettung der Didaktik der Informatik (in Anlehnung an (Schubert & Schwill, 2004)

3.1 Informatikunterricht in der Oberstufe

Der Lehrplan dient als Orientierungshilfe für Lehrende, über den Ablauf und Umfang des Unterrichts. Er dient auch als Grundlage für die Organisation des zu lehrenden und sind meist offen formuliert um den Lehrenden innerhalb des thematischen Rahmens noch genug

---

[10] Fachdidaktik: Ist die Konkretisierung von Didaktik (die Wissenschaft vom Lehren und Lernen) für ein bestimmtes Fach oder eine Gruppe von Fächern. Fachdidaktik steht somit an der Schnittstelle von Pädagogik und jeweiliger Fachwissenschaft. (siehe: http://de.wikipedia.org/wiki/Fachdidaktik)

[11] Vgl. (Schubert & Schwill, 2004)S. 18

Freiraum für eigene Interessen und Methodenvorlieben zu lassen. Für die Verleger und Autoren von Schulbüchern sind die Lehrpläne bindend. Erstellt wird der Lehrplan vom Österreichischen Bildungsministerium.

Ausgehend von diesem Lehrplan könnte man von einem allgemeinen Bildungsniveau ausgehen, welches jedoch von folgenden Störfaktoren beeinflusst wird:

- Soziales Umfeld der Lehranstalt
- Infrastruktur/Ausstattung der Lehranstalt
- Kompetenz der Professoren
- Motivation der Schüler
- Soziales Umfeld der Eltern/Schüler

Der Lehrplan des Bmukk[12] sieht für Informatik Oberstufe 6.-8. Schulstufe folgendes vor:

Die nachfolgend aufgezählten Inhalte sollen so organisiert werden, dass sich jedes einzelne Thema in vernetzter Form im Unterricht wieder findet und eine Vertiefung und Erweiterung ermöglicht[13].

- Grundprinzipien der Informationsverarbeitung
- Konzepte von Betriebssystemen
- Aufbau und Funktionsweise von Netzwerken
- Datenbanken
- Lern- und Arbeitsorganisation
- Konzepte von Programmiersprachen
- Künstliche Intelligenz
- Erweiterung der theoretischen und technischen Grundlagen der Informatik
- Grundlegende Algorithmen und Datenstrukturen
- Informatik, Gesellschaft und Arbeitswelt
- Rechtsfragen

Es sollen im Wahlpflichtfach Informatik Sach-, Selbst- und Sozialkompetenz weiter ausgebaut und vertieft werden.

Durch Einsicht in die Systematik der Fachwissenschaft und unter Berücksichtigung deren Einbettung in das sozio-kulturelle Umfeld soll der Unterricht zu einem zielorientierten, konstruktiven Problemlöseverhalten mit Mitteln der Informatik führen.

Durch eine präzise, strukturierte und vollständige Beschreibung sowohl von Problemen als auch von Abläufen, sowie durch die Modularisierung komplexer Aufgaben soll die Informatik zu Schulung abstrakten Denkens beitragen[14].

---

[12] Bmukk: Bundesministerium für Unterricht, Kunst und Kultur
[13] Lehrplan für das Wahlpflichtfach Informatik (6.- 8. Klasse)
[14] Lehrplan für das Wahlpflichtfach Informatik (6.- 8. Klasse)

Wie schon in Kap.3.3.1 (Modell nach Heimann[15]) gehört, richten sich auch die Inhalte eines Fachunterrichts stets auch nach seinen Zielen, und mit den Zielen auch die didaktischen Ansätze, nach denen der Unterricht organisiert ist. So wird Informatik als eigenständiges Fach anders unterrichtet, als wenn Informatik Fächerübergreifend (z.b. Mathematik) eingesetzt wird. Bevor Fächerübergreifender Unterricht statt finden kann müssen natürlich die Grundlagen gelernt werden, was laut Lehrplan[16] Aufgabe des Informatikunterrichtes in der Sekundarstufe I[17] ist.

Die Kurzlebigkeit von Hard- und Software in der EDV[18] ist bekannt, vergleicht man nun auch den Informatikunterricht von Heute mit dem von vor 10 Jahren sieht man auch hier den schnellen Wandel. Saß man damals noch im engen Klassenverband und lauschte einem Face to Face Vortrag, mit der Aussicht alle zwei Wochen einmal zwei Stunden vor einem Computer mit praktischen Übungen zu verbringen, so stehen dem heutzutage ganze Multimediaklassenräume gegenüber, in denen jeder Schüler sein eigenes Notebook besitzt und in allen Fächern interaktiv mitarbeiten kann. So wurden aufgrund des damaligen Informatik-Booms und der Einführung des selbstständigen Faches „Informatik" oft Fachkräfte aus anderen Gebieten notdürftig zu Computergehilfen umgeschult, im Gegensatz dazu unterrichten heute Spitzenfachkräfte direkt aus der Wirtschaft, die dadurch natürlich auch auf einen viel größeren Erfahrungsschatz zurück greifen können.

Laut Bmukk ist der Lehrplan für das Wahlpflichtfach Informatik in allen Höheren Schulen (Gymnasium, HAK, HTL), bis auf die jeweilige fachspezifische Spezialisierung und individuellen Fächerübergreifenden Interaktionen annähernd gleich ausgelegt. Real betrachtet und nach eigenen Erfahrungen trifft der Zustand eines annähernd gleichen Wissensstandards nach der Matura, bzw. bei der Immatrikulation nicht zu.

Die Beobachtungen[19] in der Wirtschaftsinformatik1 Vorlesung (an der Fachhochschule Joanneum, Studiengang Industrial Management) zeigten eine sehr breite Streuung der vorhandenen EDV-Kenntnisse bei den einzelnen Studenten. Zu Erkennen was jedoch eine gewisse Symmetrie in der Verteilung der Noten bezüglich der vorherigen Schulform. So war ein Großteil der HTL-Absolventen im vorderen Drittel, eine Mehrheit der Gymnasium Maturanten im Mittelfeld, und Absolventen der HAK im unteren Drittel wieder zu finden.

Beobachtungen wie diese zeigen klar die Notwendigkeit einer Niveauanpassung im ersten Semester, sollte die IT auch in anderen Vorlesungen und Themenbereichen relevant sein.

---

[15] Vgl. Abb. 3 Berliner Modell nach Heimann
[16] (Bmukk)
[17] Sekundarstufe I: Volksschule + Hauptschule und Unterstufe-Gymnasium
[18] EDV: Elektronische Datenverarbeitung
[19] Diese Beobachtungen werden von keiner offiziellen, wissenschaftlichen Studie gestützt, und beruhen auf reinen persönlichen Eindrücken und Recherchen aus der Wirtschaftsinformatik1 Vorlesung von FH-Professor Dr. Ortner Wolfgang an der FH-Joanneum.

4. Grundlagen des E-Learning

E-Learning ist die interaktive Kommunikation zwischen dem wissensvermittelnden Programm und dem Lernenden, in aller Regel eine Einzelperson. Es ist der Oberbegriff für alle Formen des elektronisch unterstützten Lernens. Dies umfasst die computer-, netz- und satellitengestützte interaktive Wissensvermittlung.[20]

Beim eLearning spricht man also keinesfalls von einer Technologie, eher von einem pädagogischen Gesamtkonzept. Es wird auch oft als elektronisches Lernen bezeichnet, bei dem die Wissensaufnahme mit Hilfe elektronischer Medien (z.B. Computer) erfolgt. Oft wird eLearning auf das Verteilen und Manipulieren von Informationen reduziert, ohne eigentlich von einem systematischen Lernprozess sprechen zu können. Unter eLearning sollten im Folgenden alle Lernprozesse verstanden werden, die durch multimediale und/oder telekommunikative Technologien gezielt unterstützt werden, egal ob on- oder offline.

E-Learning ist in der ganzen Welt ein fester Bestandteil des Studiums an Hochschulen geworden (Kleimann, 2005). Einschränkend gilt jedoch zu sagen dass sich der Begriff E-Learning sehr großräumig definieren lässt und darunter meist alle Formen des „Informierens und Lernens mit elektronischen Medien" [21] verstanden werden. Nach einer Studie an amerikanischen Universitäten von Zemsky und Massy (2004) fanden sie heraus dass unter „E-Learning" häufig lediglich die Verwendung von Learning-Management-Systemen (LMS) als Dokumentenablage und von Powerpoint als Informationspräsentationssystem verstanden wird.

Was macht die Faszination und den Nutzen von E-Learning aus, sodass es immer tiefer in die Bereiche Schule, Hochschule, Unternehmen aber auch in den privaten Sektor vordringt? E-Learning kann in 3 Funktionsbereiche gegliedert werden:

- E-Learning als Fernlernen (S3,A2; Abb.2)
- E-Learning als Interaktion, Kommunikation und Transaktion (S2,A3; Abb.2)
- E-Learning als Unterstützung des Präsenzlernens (Blended Learning)

Im engeren Sinne ist E-Learning als Lernen mittels Offline- und Online-Technologien zu sehen. Lernen mit Offline-Medien wird als Computer-Based-Training (CBT), mit Online-Medien als Web-Based-Training (WBT) bezeichnet.

4.1   Computer Based Training (CBT)

CBT bezeichnet das Lernen am Computer. Dazu wird Lernsoftware eingesetzt, die der Lernende auf seinem Computer vor Ort gespeichert hat. Die Programme welche meistens

---

[20] Vgl. (Reinmann- Rothmeier, 2003)
[21] Vgl. (Arnold & Lermen, 2006)

auf CD oder DVD ausgeliefert werden bestehen aus multimedialen Komponenten in Form von Text, Bild Ton und Video und Animationen. Durch die Netzwerkunabhängigkeit können speicheraufwändige   Programme   eingesetzt   werden. Der große Nachteil von CBT Programmen ist die Isolation der Lehrenden. Auch müssen Programme immer am aktuellen Stand gehalten werden um einen möglichst hohen Lernnutzen zu erlangen, dies ist bei CBT Systemen oft sehr mühselig und wird daher auch nicht selten vernachlässigt.

4.2   Web Based Training (WBT)

WBT bezeichnet E-Learning im Internet. Es gibt hier neben einer Vielzahl an Kommunikationsmöglichkeiten auch bessere Zugriffsmöglichkeiten. Benutzer (User) können mithilfe von Informations- und Kommunikationstechnologien (siehe 6.3) miteinander kommunizieren, und benötigen für den Zugriff auf die E-Learning Software meist keine installierte Software. Über den Browser wird die Verbindung zu der gewünschten Plattform hergestellt. Web Based Trainings bieten meist einen großen Mehrwert durch aktuellere Inhalte und Vernetzungen.

4.3   Informations- und Kommunikationstechnologien (IKT)

Informations- und Kommunikationstechnologien bilden die Grundlage des Web BASED Trainings, denn nur mit deren Hilfe kann die Kommunikation und Informationsvermittlung über Internet auch realisiert werden. Man unterscheidet hierbei in synchrone und asynchrone IKT:

4.3.1   Synchrone Informations- und Kommunikationstechnologien

Unter synchroner IKT versteht man den direkten Kontakt zwischen Lernenden und/oder Lehrenden. Die Teilnehmer müssen sich gleichzeitig bei einer Software anmelden um über diese mit den anderen Teilnehmern kommunizieren und arbeiten zu können.

Einige Beispiele für synchrone Kommunikationslösungen:

4.3.1.1   Videokonferenzen

Mit Videokonferenzen ist eine Annäherung an die physische Präsenz möglich. Hierbei werden Videobilder und Ton in Echtzeit übertragen. Somit ist eine „natürliche" Kommunikation möglich. Voraussetzungen dafür sind neben einer Webcam und Mikrofon auch eine schnelle Internetverbindung, da durch die permanente Bildübertragung sehr viele Daten anfallen. Häufige Anwendung findet dieses Tool in Unternehmen bei Projektmeetings, aber auch in Hochschulen für Onlinediskussionen.

4.3.1.2   Instant Messenger

Eine spezielle Ausprägung von Chatprogrammen[22] sind die Instant Messenger. Es gibt eine dezentrale Datenbank auf der sich User eintragen, bzw. andere Kontakte suchen können. Verwendung findet diese Form der Kommunikation z.B. bei internationalen Projektarbeiten um große Distanzen kostengünstig zu überbrücken, aber auch als Schnittstelle für den Datenaustausch zwischen verschiedenen Netzwerken.

In den neueren Versionen sind auch Videokonferenzen möglich.

Abbildung 5 Hauptfenster des MSN Live Messengers

4.3.1.3   Whiteboard

Abbildung 6 Navigationsbildschirm eines Whiteboads

Das Whiteboard ist eine virtuelle Tafel, die auch auf dem Bildschirm jedes Teilnehmers angezeigt wird. Diese können, je nach Verteilung der Zugriffsrechte, auf die Tafel schreiben, zeichnen, Grafiken importieren oder auch Programme öffnen. Ein bekanntes Whiteboard-Tool ist das „Mastereye" über welches der Vortragende Informationen an die Studenten weiter geben kann.

4.3.2   Asynchrone Informations- und Kommunikationstechnologien

Bei asynchronen IKT werden Informationen gespeichert und öffentlich bereitgestellt. Der Lernende kann sich jederzeit, auch ohne die Anwesenheit des Vortragenden, Informationen einholen.

---

[22] Chat: elektronische Kommunikation zwischen Personen in Echtzeit, meist über das Internet.

4.3.2.1 Forum

Viele Homepages im Internet enthalten bereits Foren, in denen sich Mitglieder zu vorgegebenen Themen austauschen können. Diese Themenbereiche werden meist von den Lehrenden vorgegeben, Unterbereiche können auch von Studenten moderiert werden. Diskussionsbeiträge werden gespeichert und können jederzeit gelesen und beantwortet werden.

Eines der bekanntesten Lernmanagement-Systeme, basierend auf einer Forumsoberfläche ist MOODLE[23], welches als freie Software zum downloaden im Internet erhältlich ist. Moodle eignet sich für alle lehrenden und lernenden Institutionen für den Bereich de E-Learing und Blended Learning.

Anwendungsmöglichkeiten an Hochschulen sind unter anderem die Begleitungen von Vorlesungen, Übungen und Seminaren, Prüfungsvorbereitungen, Prüfungen und zur allgemeinen Kommunikationsförderung.

4.3.2.2 Application Sharing

Bei Application Sharing wird eine für kooperatives Arbeiten nicht vorhergesehene Software, wie z.B. Microsoft Word bei einem Konferenzteilnehmer gestartet, welcher als Server fungiert. Alle anderen Teilnehmer können als Clients auf dieses Programm zugreifen. Dabei spielt es keine Rolle, ob der Client das Programm auch lokal besitzt, denn es wird nur der Bildschirminhalt des Servers auf dem Client angezeit, das Programm läuft weiterhin am Server PC. Die Client Rechner haben, unter Einschränkung, volle Kontrolle über den Serverrechner und können somit z.B. den Mauscursor steuern. Wird z.B. von einem Teilnehmer ein Text verändert, ist dies für alle Anderen auch sichtbar.

---

[23] Modular Objekt Oriented Dynamic Learning Environment

5. Lehr und Lernmethoden

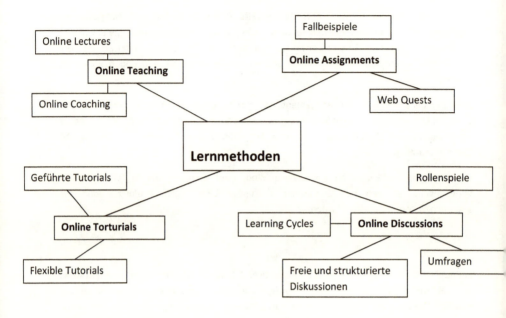

Abbildung 7 Lernmethoden im Überblick (Seufert, 2002)

Bei der Unterscheidung der Lernmethoden im E-Learning Bereich gibt es Lehrerzentrierte, Lernerzentrierte und teamzentrierte. Folgend nun einige Methoden und ihre Ausprägungen, welche in einem E-Learning System auch kombiniert angewandt werden können.

5.1   Online Teaching

Ist eine lehrerzentrierte Methode, bei der der Lehrende den Stoff live oder im Playback als gespeicherte Präsentation oder über Audio- oder Videodateien vermittelt. Die Möglichkeiten gehen hier vom Einzelunterricht bis zur Beteiligung mehrerer Vortragender am Unterricht. Eine Form des Online Teachings ist die "Online Lecture" hier wird der Vorlesungsstoff aktiv vom Lehrenden vermittelt. Es gibt hier zwei Varianten, entweder wird der Stoff mittels eines Referates oder einer Vorlesung live übermittelt oder die Lektion wird aufgezeichnet und kann von den Lernenden jederzeit aufgerufen werden. Diese Methode eignet sich für die schnelle Wissensvermittlung, komplexe Sachverhalte können hierbei nur schlecht vermittelt werden, da die Studenten nur passiv teilnehmen können. Voraussetzungen dafür eine schnelle Internetverbindung, Webcam, Mikrophon und ein Videoconferencing System. Das Durchführen von Lernkontrollen   kann über Zwischenfragen die mittels Mausklick zu beantworten sind, oder über Abstimmungen erfolgen. Diese Tools sind von System zu System verschieden. Beim „Online Coaching" findet eine 1:1 Kommunikation über E-Mail oder einen Chat (Instant Messenger) statt. Angewandt wird diese Methode bei Lern-Betreuungen über große Distanzen, z.b. bei einem internationalen Praxissemester, beidem sich der Studierende über E-Mail oder Messenger-Kontakt benötigte Informationen einholt.

5.2   Online Tutorials

Bei geführten Tutorials bringt sich der Lernende den Stoff größtenteils selber bei, somit werden meist auch nur weniger komplexe Lehrinhalte vermittelt. Voraussetzungen hierfür ist ein Autorensystem mit dem ohne zu programmieren Information dargestellt werden kann, Antwortanalysen und Verzweigungen erstellt werden können. Die erste Wahl hierfür wäre ein auf einem Forum basiertes Lernmanagement System wie z.B. MOODLE (siehe 6.3.2.1). Bei flexiblen Tutorials kann sich der Lernende im System frei bewegen, Aufgaben in Gruppen gemeinsam lösen oder an Planspielen uns Simulationen teilnehmen. Der Nachteil liegt in der Komplexität des geforderten Systems und ist meist unwirtschaftlich in der Anschaffung, da meist eine sehr aufwendige Administration von Nöten ist.

5.3   Online Assignments

Die Lernenden können im Selbststudium meist komplexe Aufgabenstellungen lösen, die Sie vorher über E-Mail oder im Präsenzunterricht erhalten haben. Ob Fallstudien oder Webquests, es werden hierbei nicht nur der Umgang mit Informationsressourcen aus dem Internet, sondern auch Kommunikationstechniken bei Gruppenarbeiten geschult. Auch sogenannte Online Assesments (Lernkontrollen) sind möglich, und werden meist über ein Autorensystem verwirklicht.

5.4   Online Discussions

Diese Teamzentrierte Methode stellt den Wissensaustausch von Lernenden in den Vordergrund, und der Vortragende wirkt meistens nur als Moderator mit. Als Plattform wird meistens ein Chat oder Forum verwendet.

5.5   Blended Learning

Blended Learning ist eine Lehrmethode, die sowohl E-Learning als auch Präsenzunterricht einsetzt. Blended Learning versucht die Vorteile von beiden Lehrmethoden zu kombinieren und die Nachteile dadurch zu eliminieren. Es verbindest die Effektivität und Flexibilität von elektronischen Lernformen mit den sozialen Aspekten des gemeinsamen Lernens.[24]

Direkt Übersetzt heißt Blended Learning nichts anderes als „vermischtes Lernen". Es kommen hierbei verschiedene Lehrformen und Lehrmedien zum Einsatz. Es auch für den Gestalter von Lernumgebungen wichtig intelligente Komposition von e-Learning-Angeboten und klassischen Lernformen kreiert, um einen effektiven Unterricht gewährleisten zu können. Wichtig dabei ist auch die Akzeptanz der gewählten Medien bei den Lernenden (siehe Didaktisches Dreieck), bzw. die richtige Vorbereitung der Unterrichtseinheiten (siehe Modell nach Heimann).

Nach Abklärung der Rahmenbedingungen (Zeit/Ort/Umwelt) und der Entscheidung die Lehrveranstaltung im Blended-Learning Stil abzuhalten, werden Entscheidungsfaktoren wie Ziele, Inhalte, Methoden und Medien festgelegt.

Als kurzes Beispiel für Blended Learning: Eine Möglichkeit eine Wirtschaftsinformatik Vorlesung zu gestalten:

Das Ziel: Verständnis der Hardwarekomponenten eines Computers

Es sollen nach der Vorlesung alle Studenten in der Lage sein die Hardware Komponenten eines Personal Computers zu identifizieren und deren Wirkungsweise beschreiben können.

Inhalt:

Erklärung der einzelnen Komponenten und eigenverantwortliches forschen.

Methoden:

- Präsenzvortrag im Hörsaal
- Ausarbeitungen von Referaten über verschiedene Komponenten und Präsentation in Foren (Moderation dieser Threads[25])
- Praktische Übungen im Labor

Medien:

- Beamer und Laptop für die Powerpointpräsentation
- Moderiertes Forum mit Threads für die Referate
- Vorzeigematerial (Hardwareteile) für die praktischen Übungen im Labor

---

[24] Vgl. (Arnold & Lermen, 2006)
[25] Thread: Eine Folge von Diskussionsbeiträgen im Usernet/in einem Forum

6. Resümee

In der heutigen Zeit gibt es eine Vielzahl an lern- und lehrunterstützenden Tools, und das nicht nur für den Informatik Unterricht. Die Herausforderung ist auch meistens nicht diese zu nutzen, sondern durch diese Programme einen Mehrwert für die Lehre zu schaffen. Die dabei vermutlich schwierigste Aufgab bei der Implementierung einer neuen „mehrwertschaffenden" Lernplattform ist die Akzeptanz der Lernenden zu erlangen. Aus eigener Erfahrung kann ich sagen, dass ein solches Unterfangen einer guten Vorbereitung bedarf und Step by Step eingeführt werden sollte, um nicht schon im Vorfeld zum scheitern verurteilt zu sein. Meiner Ansicht nach war die Ablehnung, bei der Einführung des Lernmanagement-Systems MOODLE in der Vorlesung „strategische Unternehmensführung" wenig bis gar nicht auf die Funktionalitäten der Software zurück zu führen, als auf die Art und Weise wie das System eingesetzt wurde. So wurde eine Teilnahme on Online Diskussionen im Forum durch quantitative Bewertungen nahezu erzwungen, und stoß daher schnell auf eine natürliche Ablehnung. Schnell wurde die Plattform Jahrgangsintern zum Feindbild, weshalb auch die vielen Tools des Systems nahezu nie genutzt wurden. Interessant wäre gewesen das Programm fächerübergreifend einzusetzen, bzw. für den ganzen Jahrgang als eine Art Kommunikationsplattform nutzbar zu machen. Im Laufe der Recherchen für diese Seminararbeit habe ich die vielen Möglichkeiten solcher Learning Management Systeme und Autorensysteme kennen gelernt, und kam zu der Feststellung das bei richtiger Implementierung und guter Vorbereitung absolut ein Mehrwert beim lernen erzielt werden kann, und richtig eingesetzt eine Erleichterung für Lehrende und Lernende ist.

Literaturverzeichnis

Arnold, R., & Lermen, M. (2006). *eLearning- Didaktik. Grundlagen der Berufs- und Erwachsenenbildung.* Baltmannsweiler: Schneider- Verlag Hohengehren.

Bmukk. (kein Datum). *Bundesministerium für Unterricht, Kunst und Kultur.* Abgerufen am 21. September 2007 von http://www.bmukk.gv.at

Chott, D. P. (kein Datum). *Schulpädagogik im Internet.* Abgerufen am 20. September 2007 von education and pedagogics - online: http://www.schulpaed.de

Gertsch, F. (2007). *Das Moodle 1.8 Praxisbuch. Online- Lernumgebung einrichten, anbielten und verwalten.* München: Addison- Wesley Verlag.

Kleimann, B. W. (2005). *E-Learning aus Sicht der Studierenden.* Hannover: HIS.

Mayer. (2006). *Meyers Großes Taschenlexikon.* Mannheim: Bibliographisches Institut & F. A. Brockhaus AG.

Paul Heimann, G. O. (1997). *Unterricht. Analyse und Planung.* Schroedel Verlag GmbH.

Reinmann- Rothmeier, G. (2003). *Didaktik Innovation durch Blended Learning. Leitlinien anhand eines Beispiels aus der Hochschule.* Bern: Verlag Hans Huber.

Schröder, P. D. *Lernen-Lehren-Unterricht.* München/Wien: R.Oldenbourg Verlag.

Schubert, S., & Schwill, A. (2004). *Didaktik der Informatik.* Heidelberg: Spektrum Akademischer Verlag.

Schulmeister, R. (2005). *Lernplattformen für das virtuelle Lernen. Evaluation und Didaktik.* München: Oldenbourg Wissenschaftsverlag GmbH.

Schulmeister, R. (2001). *Virtuelle Universität Virtuelles Lernen.* Oldenbourg Verlag.

Seufert, S. (2002). *E-LEARNING, Weiterbildung im Internet.* SmartBooks Publishing AG.